諷詩調詩集 · 483

# 책선시초(責善詩抄) · 15

박진환 제535시집

지성.감성의 메타언어
조선문학사시인선.992

諷詩調詩集 · 483

**책선시초(責善詩抄) · 15**

조선문학사

■ 책머리에

## 시인의 말

풍시조시집 『시의 복수』 이후에 쓴 풍시조를 『책선시초(責善詩抄)』란 타이틀로 100편씩 묶어 16권으로 출간하기로 했다.

타이틀인 책선(責善)은 '옳은 일을 하도록 서로 권한다'는 뜻을 지니고 있다. 달리 표현하면 선에 봉사하고자 함이 되고, 돌려 풀이하면 악을 선으로 개조한다는 개선(改善)의 의도란 뜻이 된다.

이 점에서 책선은 선에의 봉사이자 악에의 징벌쯤이 된다. 전자적으로는 선에의 이바지이고 후자적으로는 악에의 통징쯤이 된다.

풍시조의 시적 특색이나 사명, 그리고 시적 역할을 '시의 복수'니 '복수의 시'로 제시한 바 있다. 악에 대해 감행한 복수가 풍시조였단 뜻이었고, 시로써 악에 복수를 감행함으로써 선에 이바지하고자 한 풍시조 정신에 충실하고 싶었단 뜻이 된다.

'책선시초'도 선한 일을 하도록 권장한단 뜻이니 '시의 복수'나 '복수의 시'와 표현은 달라도 같은 뜻의 맥락에 잇대어 있음이 된다.

 건강이 허락하는 한 앞으로도 꾸준히 써서 그때그때 엮어볼 요량으로 부지런을 떨고 있다.

 온갖 악과 부조리와 부정부패가 난무하는 시대, 악을 벌하고 선 편에 서고자 한 풍시조에의 충실을 책선이란 이름으로 실천해보고 싶다.

2025년 初夏
저자 씀

박진환 제535시집 / 諷詩調詩集 · 483

# 책선시초 · 15

## 차례

책머리에_시인의 말 / 5

### 2025년 4월 19일
투신일 수도 있으니까요 / 13
미친 소리 지를 수도 / 14
화살이 없는 활이어서 / 15
빗나가기 일쑤인 / 16
그러해서 / 17
정복자일 수도 / 18
가슴이어서 / 19
영주권을 획득하는 / 20
도끼날도 될 수 있어서 / 21
무지개일 수도 / 22
사랑이란 무엇인가 / 23
사랑인 것을 / 24
헛소리 된 지 오래여서 / 25

### 2025년 4월 20일
지금도 유효해서 / 26

처지가 이러해서 / 27
식욕은 왕성해서 / 28
가난한 설움 / 29
"부자 되세요"여서 / 30
가난한 노동자 / 31
죄다 죄인이어서 / 32
빛을 잃고 사는 시대여서 / 33
상징이기도 해서 / 34
자연의 곡선미를 파괴해서 / 35
성취된다 / 36
그 끝이라는 / 37
야생마여서 / 38
하게 된다데 / 39
정치가 두려운 소이다 / 40
그러하지 않았던가 / 41

**2025년 4월 21일**
테이블에 안 앉아서 / 42
? ? / 43
구려서 · 1 / 44
구려서 · 2 / 45
원망스러워서 / 46
대선행 / 47
문전박대나 안 받을지? / 48

당면(唐麪)이어서 / 49
똥물 먹고 사는 놈들 되고 / 50
화전(話戰)뿐이죠 / 51
덕이 큼이지요 / 52
곤달걀만도 못해서요 / 53
자장(磁場)인 것을 / 54
에너지 충당했데 / 55
떠올리게 해서 / 56
오래여서 / 57

### 2025년 4월 22일

？？？ / 58
하늘의 뜻이거니 / 59
적자(赤字) 피 흘릴 듯 / 60
아닌 듯싶어서 / 61
내동댕이쳐진 윤석열 판정패 / 62
게임 종료와 같아서 / 63
전자 쪽이 꿈꼬대 같아서 / 64
꿈도 달아나버려서 / 65
??? 더해서 / 66
남 일 같지 않아서 / 67
단순한 이치인데 / 68
'간'과 '감'이 비슷해서 / 69
안하무인 / 70

쓴맛은 싫어 / 71
못 면할 텐데 / 72

## 2025년 4월 23일

이런 의문 던지게 해서 / 73
기다려야 / 74
'피를 돌게 하라'라고도 / 75
속임수란 기술 / 76
국힘 쪽이어서 / 77
특허 값할지 / 78
부창부수 안 했던가 / 79
밥그릇 싸움밖엔 / 80
각자 진단에 맡겨야 / 81
그 예일 듯 / 82
바로미터가 된 소이다 / 83
알 빼먹긴 안 하고? / 84
왈가왈부냐고? / 85
불씨나 남아있을지? / 86
또한 그리해서 / 87

## 2025년 4월 24일

구린내만 풍겨서 / 88
더러운 병이어서 / 89
죽은 것과 같아서 / 90

제 목도 못 건진 꼴 될 판이어서 / 91
늙었구나 / 92
없음이어서 / 93
되지 않을까 / 94
정답이 없는 것이 사랑이라는 사실 / 95
걱정부터 / 96
더 많아서 / 97
100마일로 달리는 삶, 150마일로 죽어가서 / 98
목숨이 그러하고 / 99
허구이기 때문 / 100
목숨도 있더라 / 101
살아보고 싶구나 / 102

### 2025년 4월 25

나올 기름이나 있던가 / 103
손 봐야 / 104
오염 안 된 것도 있던가 / 105
이현령비현령이어서 / 106
펄펄 안 끓어서 다행이지 / 107
없어서요 / 108
오래인걸 / 109
화옥(火獄)살이인 것을 / 110
불씨여서 / 111
민낯이 되레 천사 같아서 / 112

- 시집 평설을 대신해서_諷詩調에 대한 사계의 견해
  三行詩의 안팎_문덕수 / 113
  知的調律에 의한 시 意味의 密度와 結晶度_성찬경 / 122
  諷詩調의 깃발과 風向_김용직 / 128
  박진환의 3행 '諷詩調'에 대하여_최원규 / 131
  풍시조 읽기_문효치 / 136
  諷詩調에 나타난 형이상시법의 수사법_최규철 / 140

2025년 4월 19일

## 투신일 수도 있으니까요

사랑은 한강다리일 수도 있겠지요, 저쪽과 이쪽을 이어주는
글쎄요? 오작교처럼 건너오고 건너갈 수 없을 땐
다리 난간에서 몸을 던지는 투신일 수도 있으니까요

## 미친 소리 지를 수도


사랑이 실이라면 실[糸]은 이어주지만, 실(失)이면
잃어 슬픔이 될 수도, 실(實)이면 맺어 익을 수도
실(實)로 맺지 못하면 실(蟋)실실 미친 소리 지를 수도

## 화살이 없는 활이어서


사랑은 무지개일 수도, 다가가면 갈수록 뒤로 물러서서
끝내 잡지 못하고 돌아서는 알 수 없는 무지계(無知界)일
수도, 유식하겐 천궁(天弓), 큐피트의 화살이 없는 활이어서

## 빗나가기 일쑤인


사랑은 활일 수도, 가슴 과녁 삼아 당기면 백발백중
헌데 큐피트의 화살이 아닌 명중보다는 오준이 더 많은
많아 빗나가기 일쑤인

## 그러해서

사랑은 비수일 수도, 항시 상대의 가슴에 꽂혀
피를 흘리게 하는, 흘린 피로 물들이고 싶어 하는
사랑이 붉은 소이가 그러해서

## 정복자일 수도

사랑은 정복자일 수도, 연적과 싸워 이기는 전리품일 수도
있어서, 치열한 싸움을 통해 쟁취한 사랑
해서 사랑은 정복자일 수도

## 가슴이어서

사랑은 가슴의 발전소, 실 아닌 코일로 칭칭 감아 방전(放電) 자장(磁場)으로 감전시키는, 감전시켜 빛으로 밝히는 빛의 방출처 발전소가 가슴이어서

## 영주권을 획득하는

사랑은 그리움, 한시코 가 닿아 합일이고자 하는
끌고 당기고, 당기고 끄는 양극 가슴으로 하는 합일지향
합일되면 사랑만이 일구는 낙원, 영주권을 획득하는

## 도끼날도 될 수 있어서

사랑은 가슴과 가슴을 이어주는 실도 되지만
그 실을 끊어버리는 가위도 될 수 있고, 밧줄로 꽁꽁 묶어도
단번의 내리침으로 끊어버리는 도끼날도 될 수 있어서

## 무지개일 수도

그런가 하면 사랑은 아픔도 되고 슬픔도 되는
양극성을 지녀서 하나로 정의할 수 없는
영원한 미지 무지개일 수도

## 사랑이란 무엇인가

사랑은 가슴을 페이지로 하는 신이 쓴 불간지서(不刊之書)
불립문자의 페이지를 어찌 인간의 지혜로 정의하겠는가
정의가 없고, 물음만 있고 답이 없는 사랑이란 무엇인가

## 사랑인 것을

사랑은 아가페와 에로스의 쌍생아, 한 뿌리가 아닌, 충족 풍요의 신 포로스를 아버지로 하고, 결핍과 빈곤의 신 페니아를 어머니로 한, 해서 풍요와 빈곤의 조화가 사랑인 것을

## 헛소리 된 지 오래여서

이 아름다운 사랑은 신의 조화로운 분배와 균형의 지혜, 인간에게도
절장보단의 지혜 없는 것은 아니지만, 가위란 게 지혜에
값하지 못하고 이기에만 쓰인 사랑에선 헛소리 된 지 오래여서

2025년 4월 20일

## 지금도 유효해서

세계가 트럼프 손에서 요리되고 있는 듯싶데만 중국요리도
만만치 않아서, 입맛이란 게 각기 미각을 달리해서
해서 하는 말 '미국 집에 중국요리란 말 지금도 유효해서

## 처지가 이러해서

딱도 하지, 중국요리가 더 맛있다는 걸 알면서도 미국이 내민 쟁반 '잘 먹겠습니다'로 받아야 하고, 더 좋은 요리는 눈요기로만 해야 하는 미각은 훌륭한데 힘이 없는 코리아 처지가 이러해서

## 식욕은 왕성해서

노린내에 구미 거슬려도 먹어야 하는 울며 겨자 먹기
향엔 코로 맛보며 곁눈질해야 하는 눈요기
G2 사이에 낀 샌드위치가 식욕은 왕성해서

## 가난한 설움

우리만이 아니지, 관세 성찬에 초대에 응하고선
안 먹자니 굶게 생겼고, 먹자니 비싼 값 지불해야 하고
이래저래 맛보느니 먹거리 아닌 가난한 설움

## "부자 되세요"여서

탓해 뭘 하겠는가, 가난한 설움이 어제오늘뿐이던가
유사 이래 가난 면한 적도, 가난한 설움 면한 적도 없었으니
그러려니 하고 살아야, 위로의 말씀이란 게 고작 "부자 되세요"여서

## 가난한 노동자

도주의돈이라 했던가, 부자는 가난한 자의 노동으로 맺은 열매를
향락한다 했던가, 전자는 이름난 부자를 두고 한 말이고, 후자는
자본주의 착취개념쯤, 우리는 먹거리 못 면하는 가난한 노동자



※ 도주의돈(陶走猗頓) : 도주와 의돈이란 춘추전국시대의 부자를 이르는 말.

## 죄다 죄인이어서


벼락부자치고 선량한 인간이었던 예는 없었다 했던가, 허면 가난한 사람치고 선량한 인간만 있었던가, 돈 많으면 선량하지 못해 죄인, 가난하면 가난이 죄, 세상이란 게 죄다(罪多) 죄인이어서

## 빛을 잃고 사는 시대여서

인간을비추는 유일한램프는 이성, 생의 어두운길을 안내하는 유일한
지팡이는 양심이라던가, 지팡이로 빛을 찾아가는 삶의기둥 삼는다면
양심일 수도, 헌데 빛을 찾기는커녕 빛을 잃고 사는 시대여서

## 상징이기도 해서

지팡이도 지팡이 나름, 길동무가 되어주는 지팡이, 고해의 깊이나
저어가는 노가 되어주는 지팡이는 지혜의 순례에 동행하지만
굽은 지팡이는 굽은 길, 굽은 인생의 상징이기도 해서

## 자연의 곡선미를 파괴해서


직선은 인공적인 것, 자연은 언제나 직선을 피한다던가
직선은 오직 수직, 곡선은 수평, 두 조화가 자연미
헌데 문명은 수직·직선의 인공미, 자연의 곡선미를 파괴해서

## 성취된다

파괴의 정열은 창조적 정열이란 말에 동의한다, 기존·기성의 것에서 일탈하지 못하는 고정관념으론 창조에 봉사할 수가 없다 창조란 기존·기성의 것을 파괴하는 파괴의 정열로 성취된다

## 그 끝이라는

희망을 성공에 이끄는 신앙이라 했데, 희망 없이 이루어진 성취는
없다고도 했데, 희망과 성취가 동의어가 아닌 중간매체
신앙에의 신뢰, 신앙은 모든 지식의 처음이 아니라 그 끝이라는

## 야생마여서

신앙이 없는 사람은 고삐가 없는 말과 같다란 말 새겨볼만, 고삐없는 말은 야생마, 야생마를 천리마로 길들이는 것도 고삐, 백마금안도 고삐가 없으면 무용지물, 인간도 정신이란 고삐가풀리면 야생마여서

※ 백마금안(白馬金鞍) : 흰 말에 좋은 안장.

## 하게 된다데

정치가들의 궁극은 대통령이 되는 것, 해선가 여·야 정치꾼들
대망의 꿈 실현 위해 대권도전에 혈안이데, 헌데 말씀이시
큰 야심가는 반드시 위대한 일을 하든지, 잔인한 일을 하게 된다데

## 정치가 두려운 소이다

할호(瞎虎)란 말이 있는데, 한 눈이 먼 호랑이란 뜻으로 잔인한 사람을 이르는, 잔학성을 악마의 제1의 속성이라 했던데, 야심가의 속성에 잔학성이 들어있다면 정치의 속성일 수도, 정치가 두려운 소이다

## 그러하지 않았던가


정치란 게 수단으로서의 권력과 강제력에 관계하는 인간을 악마의 힘과 계약을 맺는 것 했데, 악마의 힘과 계약한 정치 경험 안 했던가, 헌재에서 파면 당한 정치가 그러하지 않았던가

2025년 4월 21일

## 테이블에 안 앉아서

갈등 키운 뒤 압력부터 행사해 놓고 정상회담 즐기는 트럼프식 외교 중 시진핑에겐 '안통해' 했던데 iPien tao에 잘길들여진 약소국 다루기완 차원이 다른 대중외교, 시진핑은 승산없인 테이블에 안 앉아서

? ?

한덕수 대행 요즘 행보, 묵묵히 대권도전에 한발짝 다가간 듯 외신기자와의 대담에서도 대선출마엔 '노코멘트'로 사실상 no 아닌 yes 암시로 답한 셈, 스스로를 위한 행보냐? 국가 위한 행보냐?

# 구려서·1

대권주자들의 화두가 된 대통령실 용산이냐? 청와대냐? 세종시냐?
'내란 소굴 단 하루도 안 돼'에 '일단은 용산 후 청와대', 옛말에 '똥
누러 갈 때와 나올 때 생각이 다르다'는 말 떠올리게 하던데, 구려서

## 구려서 · 2

계엄 때 대통령 친위대로 전락한 경호처 두고 폐지, 축소, 존치 등
의견 각양각색, 결국은 후보 몫이라 했던데, 역시 옛말
'똥 누러 갈 때와 나올 때 생각 달리해' 떠올리게 해 구려서

## 원망스러워서


벌써부터 구리구리 구리면 앞으로 한 달, 코 막고 살아야 할 판 쏟아내는 솔구이발에 귓구멍 둘인 게 원망스러워질 듯, 뿐인가 머리의 항문 입의 구리(口痢)에 콧구멍 둘인 것도 원망스러워서

## 대선행

한덕수 대행 행보 두고 '대행' 아닌 '대선행' 했데, 싫지 않은 듯
헌법 존중 충고에 '남이사'라며 보폭 넓히고 재촉하는 한 대행
아차, 실수 '대행' 아닌 '대선행'

## 문전박대나 안 받을지?

안철수 국힘 대권후보, '탄핵 반대파 후보로는 필패'라며
"윤석열 찾아가 탈당 설득하겠다" 야무진 일갈했던데
맞고 지당한 말씀이오나 찾아간단들 문전박대나 안 받을지?

## 당면(唐麪)이어서

홍준표, 바른말 서슴없는 직언에 호감 가졌더니 윤석열 계엄 두고 "실질적 피해 없단 해프닝" 했데, 깜짝 놀랐어, 말씀은고사하고 말도 안 된 헛소리같아서, 그럴 분 아닌데 당면(當面)이 당면(唐麪)이어서

## 똥물 먹고 사는 놈들 되고

성인 게임장 드나들며 상습 갈취한 피의자들, 갈취 당한 업주들 피해 날짜, 금액기록해둔 수첩을 '분노의 똥물수첩'이라 했던데, 분노 아닌 '분함의 똥물수첩이 맞을듯; 해서 피의자는 똥을 먹고 사는놈들 되고

## 화전(話戰)뿐이죠

올 '봄은언제올까?' 했던데, 글쎄요, 꽃피고지는봄은왔지요 즐기기도 하고, 헌데 말씀입니다, 정치계절엔 '봄이 없어도, '개화(開花)가 개화(開話) 돼 있던 봄도 쫓아버려서요, 해서 화전(話戰)뿐이죠

## 덕이 큼이지요


이름 때문에 오해받는 큰 소, '황소' 했던데, 오해는 몰이해에서지요
황소 등치는크지만 사납기는작고요, 눈은크지만 작은 것은 안보고요
이름은 소이지만 인지덕은 대, 소로써 대를 배우니 덕이 큼이지요

## 곤달걀만도 못해서요

'윤석열 정차 다시 꿈꾸는 어게인'을 '꿈꾸는 극우의 준동' 했던데 맞는 말 같아서요, 꿈꾸니 어게인이 꿈꼬대지요, 꼬꼬대는 알이라도 낳았다는 신호지만, 꿈꼬대는 곤달걀만도 못해서요

## 자장(磁場)인 것을

'초록감각'이 자연에의 환원주의를 돕는 것으로 말했데, 실제로 녹음 사이를 걸으면 좋아지는 기분, 기분이 좋은데, 자연으로 돌아가고 싶지 않겠는가, 그것이 곧 코일, 코일이 곧 자장인 것을

## 에너지 충당했데


'풀씨행동연'이란 단체가 있는모양이던데, '생태계고려한 재생에너지
　　잠재량 보고서를 제출한 듯, 국토의 8분의 1이 '생태·발전'
　　공존지역, 여기에 환경 태양광 세우면 국가 에너지 충당했데

## 떠올리게 해서

'중국 유학생 잠재적 간첩' 혐오 현수막 수백 개 걸렸다데
잠재적 간첩이면 직접 간첩 행위자가 아닌 간첩활동을 할 가능한
상태를 두고 한 말 아닌가, 솥뚜껑보고 놀란 가슴… 떠올리게 해서

## 오래여서

강원 평창서 실탄·연료탱크 떨어뜨린 공군 두고, '오폭이어 또…'
라며 기강해이 질타했던데, 공중뿐이겠나
산도, 바다도, 도심도 재앙 재발지역 된 지 오래여서

2025년 4월 22일

? ? ?

바깥과 담을 쌓고 사는 내 독거의 유일한 통로는 송신용이 아닌 수신용 구식 손전화다. 그 통로수단인 손전화를 연일 일주일째 놓고 출근하다니, 소이 있을 듯. 치매? 무용지물? 연락불요?

## 하늘의 뜻이거니

프란치스코 교황이 88세를 일기로 선종했다, 남다르게 받아들이는건
카톨릭 신자가 아닌 내 출생과 연도를 같이 하는 1936년생이기 때문
얼마나 남았을까? 알 수 없는 것은 운명은 재천, 하늘의 뜻이거니

## 적자(赤字) 피 흘릴 듯

트럼프의 관세폭탄 세례에 대미수출 14%나 뚝 했던데, 뚝에서
멎으면 그나마 다행, 앞으로 쭉→, 뚝뚝뚝도 → → →
화살표가 아니라 수출심장 →에 꽂혀 적자 피 흘릴 듯

## 아닌 듯싶어서

'대선 나설 명분 찾는 한덕수' 했던데, 글쎄요? 여권에선
그중 나아보이지만 상대가 상대이고, 시절이 시절이어서
영웅은 시대가 만든다 했던데, 지금 그런 시절 아닌 듯싶어서

## 내동댕이쳐진 윤석열 판정패

어떤 신문 그림마당이 눈길 끌데, 윤석열, 증인 멱살 잡고 "의원 끌어내라가 군사적으로 가능해 보이느냐?" 한편에, 군 일선지휘관 "왜 그리 지시 했을까요"라며 업어치기에 내동댕이쳐진 윤석열 판정패

## 게임 종료와 같아서


민주당 이재명 지지율 50% 첫 돌파, 대선 기류 심상치 않아서
어떻게 심상치 않냐고? 여론조사란 게 꼭 맞는 건 아니지만 꼭 틀린
것도 아니어서, 문제는 50%에서 60% 간다면 게임 종료와 같아서

## 전자 쪽이 꿈꼬대 같아서


'윤 어게인 신당' 했던데 눈 뻔히 뜨고 꾸는 꿈 희망 같아서
서기지망이라 했던가, 아닐 듯싶어서, 희망은 해독이라 했던가
후자 쪽 피력 왜 떠올리게 할까? 전자 쪽이 꿈꼬대 같아서

## 꿈도 달아나버려서

군 인권센터 "윤석열 재구속하라" 외치던데, 어게인이 '재구속 구호로 들려서, 외치든지 말든지 윤, 꾸벅꾸벅 졸기도, 눈 뜨고 꾸어도 희망이란 게 안 보이는데 꾸벅꾸벅이면 꿈도 달아나버려서

## ??? 더해서

한덕수 대행의 미에 보낸 방위비 증액 논의, 알래스카 LNG 개발 등 긍정적 신호에 통상 당국은 '신중모드'로 신중 대처, 이리 엇박자면 한덕수 급발진에 앓느니 속앓이면 잘 될까?에 ??? 더해서

## 남 일 같지 않아서

러·우 전쟁, 트럼프가 들이민 '종전안에 젤렌스키 울상'이라던데
안 그래도 젤젤 짜던 젤렌스키, 눈물 마를 날은 언제? 힘없으면
그래, 우리말에도 있지, '울며 겨자 먹기', 남 일 같지 않아서

## 단순한 이치인데


'윤 어게인'을 '망상의 끝판' 했던데, 망상이면 이치에 어긋난
망령된 생각 아니던가, 어쩌다 젊은이들이 망령되이 놀다니
망령과 어울리면 망령, 희망과 어울리면 희망, 단순한 이치인데

## '간'과 '감'이 비슷해서

대선출마 '간보는 한덕수' 했던데, 간이면 짜고맵고 맛보기 아니던가
정치를 소신 기둥 삼아도 지킬까 말까인데 간으로 맛보며 즐긴다
전에 어떤 대통령 정치는 '감'으로와 비슷 '간'과 '감'이 비슷해서

## 안하무인

피고인의 모습 안 보이려 피했는데, 결국은 피고인석에서
사진으로 모습 드러낸 윤석열, 헌데 피고인 민낯이 꾸벅꾸벅이어서
유죄냐? 무죄냐? 상관없이 '나 피곤하거든' 안하무인

## 쓴맛은 싫어

'대선 나설 명분 찾기'에 '정치 간보기'에, 또 뭐 없나?
있지, 미 관세 달게 맛보는 미각, 정치에 마취되면
입맛도 권력형 못 면해서, 단맛만 익히거든, 쓴맛은 싫어

## 못 면할 텐데

그나저나 윤석열 형사재판, 연말까지 짱짱하게 짜여진 일정
만약에 말이시, 이재명이 당선되면 재판 끝날 때까지
영어살이 아닐까? 무슨 소리, 재판 끝나면 지옥살이 못 면할 텐데

2025년 4월 23일

## 이런 의문 던지게 해서

'악마의정치' 했던데, 도치덕치(道治德治) 같은 상치(上治) 외면하고 거부권·시행령 같은 하치(下治) 못 면하면 무슨 정치일까? 도치부치(刀治斧治)면? 악마의 정치란 말이 이런 의문 던지게 해서

## 기다려야

보수인사 몇이모여 한덕수대행을 '국민후보'라며 대권에 내세우고자 젊은 호변객들 '윤석열 어게인'과 다르지 않을 듯, 국힘 후보, 국민 후보, 민주 후보, 그래 좋네만, 정작 국민의 현명한 선택 기다려야

## '피를 돌게 하랴'라고도

프란체스코 교황 비문엔 '프란치스코만 써라' 유언, 고 미당 서정주 선생이 '시인 서정주'라고 비명 쓰면 어떨까에 '시인' 빼고 '서정주'만 한 일화, 또한 시인 비명에 '무슨 말을 새겨 피를 돌게 하랴'라고도

## 속임수란 기술

'하버드 출신'이라고 쫄지 마라 했던데, 한덕수·최상목을 두고 한 말일 듯, 허긴 정치를 경제 전문지식으로 하나, 법률 지식으로 하나, 아니란 걸 다 알지, 허먼? 기술로 하지, 그것도 속임수란 기술

## 국힘 쪽이어서

국힘 대선 경선 4강, 안철수 안착으로 찬탄2, 반탄2 구도라는데
균형은 잡았네만, 균형으로 뭘하나, 잡아도 그만, 안 잡아도 그만
정치 저울대 추란 게 항시 ↓로 기우는 것이 국힘 쪽이어서

## 특허 값할지

방미 나선 최상목 했던데, 지켜볼만, 계엄 정부에선 상목(上木) 못돼 하목(下木) 신세였지만, 버티기 하나는 주특기 겸 전매특허품, 대미 협상서 주특기·전매특허품 양손에들고 내밀면 혹알아, 특허값할지

## 부창부수 안 했던가

'윤석열부부 소환만 남았다'던데, 이를 두고 공천개입 수사 진척으로
보데들, 뭐 싫지 않을 듯 나란히 복당살이 하면 따로따로보다야
낫지 않겠는가; 예부터 금슬 좋은 부부를 부창부수 안 했던가

## 밥그릇 싸움밖엔

변협, 계엄엔침묵, 변호사감축엔 변시합격자 500만줄여라, 높인목청
두고, '밥그릇 챙기기만 좋아한다'는 빈축, 탓할것없어, 변협뿐이겠나
삶이란 게 먹고 살기 위해 사는 게 돼서, 밥그릇 싸움밖엔

## 각자 진단에 맡겨야

'몇 살부터 노인인가요?' 물었던데, 글쎄요, 나이가 기준이 아니라 건강이 기준인 것 같아서요, 60 넘으면 황혼병에 걸리는가 하면 80 넘어도 쩡쩡한 늙은이도있어서, 사회적합의보다 각자 진단에 맡겨야

## 그 예일 듯

'총구에 스며든 민주주의' 했데, 명령에 죽고 사는 군인도 민주주의에 대한 자각과 각성으로 정의편에 설 줄 안다는 뜻일 듯 12.3 계엄 때 최일선 군인들의 건강한 민주의식이 그 예일 듯

## 바로미터가 된 소이다

군통수권자만 국군을 사병으로 알고 있었어, 군대는 경호처가
아닌 것을, 명령에도 정의가 살아있어야 따르는 군 의식
이번 계엄의 교훈, 민주주의의 바로미터가 된 소이다

## 알 빼먹긴 안 하고?

계엄정권말기 알박기인사가 횡횡하고 있는 모양, 한덕수 권한대행의 헌재재판관임명, 박성재법무장관의 법무부·대검·감찰수장 알박기인사, 김진숙 방통위장 EBS 사장임명등, 알만박나? 알빼먹긴안하고?

## 왈가왈부냐고?

어수선한 틈타 알 먹고 꿩 먹고 식 인사 횡행, 칼자루 쥐었을 때
써먹자는 단견 아닐지? 국가나 민족의 장래는 내 알 바 아니고
내 몫 내가 챙기는데 왜 왈가왈부냐고?

## 불씨나 남아있을지?

한덕수 권한대행, 대권 출마 빨리 결정하는 것이 본인이나 국익에 도움이 된다던데, 정작 본인은 국민의 열화같은 요청 기다리는 듯, 글쎄요, 그쪽 불 꺼진 지 오래돼서 불씨나 남아있을지?

## 또한 그리해서

트럼프·시진핑·푸틴 등 늙은 지도자들, 프란체스코 선종 지켜보며 스스로를 돌아봤으면, 좋은 일은 못 했을지라도 악마와 손잡지나 안 했는지? 정치란 게 그러하고 패권이란 게 또한 그리해서

2025년 4월 24일

## 구린내만 풍겨서

'봄에 아는 것들 했기에 뭐? 했더니 '누군가에게 내가 꽃처럼 피었던 시절'했데, 글쎄요? 봄하면꽃, 꽃하면 다투어 피는 꽃들의 화투(花鬪) 헌데 봄이란 계절이 없는 정치권은 화투(訐鬪)로 구린내만 풍겨서

## 더러운 병이어서

'몰라도 좋아요' 했길래, 몰라서 좋은 것이 뭔가 했더니, 알고 실천에 옮기지 못하는 것보다는 차라리 모르는 것이 더 낫다는 것, 허긴 체병이란 게 뭔가 몰랐을 때는 관심밖, 알고 보니 더러운 병이어서

## 죽은 것과 같아서

대법 전합, 이재명 상고심 '공명정대'하게 했던데, 글쎄요?
'공명정대'란 게 아직 살아있었네요, 사망했거나 귀양간 줄 알았더니
살아있다면 목숨 값을 해야, 목숨 값 못하면 죽은 것과 같아서

## 제 목도 못 건진 꼴 될 판이어서

김건희 선물인가 뇌물인가, 받을 줄만 아는 줄 알았더니, 주기도했던 건진이란 분이 '다이아목걸이'를 받으신 모양이던데, 그놈의 다이아 목걸이가 목줄 될줄은 꿈엔들, 건진이 제목도 못 건진 꼴될 판이어서

## 늙었구나

연 1주째 날마다 출근하면서 손전화를 두고 온다, 온다가 동행한 건 치매? 그럴 수도, 헌데 전화 올 일도, 한 일도 없어 필요없어서도, 허나 후자는 자위차원, 전자일 듯싶어서, 늙었구나

## 없음이어서

허긴 가져와 주머니에 넣고 있건, 옆에 두고 있건 걸려 와야 아니면 걸 필요가 있어야, 두 기능 다 버림이면 소통도 끊어졌음이니, 힘들겠구나, 세상은 혼자서는 살 수 없음이어서

### 되지 않을까

사랑을 '모든 것을 잃게 되는 것', '발가벗은 시체로 떠오르는 것'
했던데 사랑을 불행으로 보는 시각이다. 거꾸로 돌리면 '모든 것을
획득하는 것', '화려한 드레스로 치장하는 것'도 되지 않을까

## 정답이 없는 것이 사랑이라는 사실

옳게 보건, 거꾸로 보건 '가슴과 가슴을 이어주는 살로 잇는 것 보다는 더 체험적이고 실존적이 아닐까? 문제는 사랑학에도 정답이 없다는 사실, 정답이 없는 것이 사랑이라는 사실

걱정부터


이재명 심리 이틀 만에 속행한 대법의 이례적 빠른 진행 두고
'초고속 페달' 했던데, 지금까지 3등 완행열차가 KTX로
바뀐다고 완전체 될까? 과속은 사고의 원인이어서 걱정부터

## 더 많아서

김건희 최대 빨리 검, 대선 전 소환 의지 두고, '윤 부부의 공천개입 정조준 했던데, 속전속결이 완만한 느림만 못할 수도 있을 듯 서둘다 실패하는 경우가 느리다 실패한 경우보다 더 많아서

## 100마일로 달리는 삶, 150마일로 죽어가서

법 집행뿐인가, 빨리 먹는 밥에 체하는 것이 육체이기도 해서 정신적인 것이라고 다르겠는가? 사려 깊은 신중보다 서두르다 잘못된 졸속이더 많아서, 100마일로 달리는 삶, 150마일로 죽어가서

## 목숨이 그러하고

시대는 초스피드시대, 기어에 물린 속력이 그러하고, 그 속도가
돌리는 벨트의 스피드가 그러하고, 그 스피드에 말려 매일을
조금씩 죽어가는 인간의 마멸되어 가는 목숨이 그러하고

## 허구이기 때문

'생명이 있는 것은 반드시 죽는다. 그리고 저승에가서 영원한 생명을 받는다' 사옹(沙翁)의 말은 한편으론 맞고 다른 한편으론 틀리다 죽는 것은 맞지만 죽어서 영원한 생명을 받는다는 허구이기 때문

## 목숨도 있더라


'나는 무한히 살고 싶더라/너랑 살아보고 싶더라/살아서 죽음보다 그리운 것이 되고싶더라/(신동집 목숨), 살아서 되고 싶은 그리움이 아하, 죽어서 그리운 것이 된 목숨도 있더라

## 살아보고 싶구나

'사랑은 생명의 꽃이다 했던데, 꽃다운 생명, 생명으로 피울 수 있는 꽃도 있던가, 그런 목숨 있다면 그리움도 될 수 있고 그런 꽃 있다면 그런 꽃으로 살아보고 싶구나

2025년 4월 25일

## 나올 기름이나 있던가

경제성장엔진 '멈췄다, 멈춤 뿐만이 아니라 -0.2%로 곤두박질
상황은 점점 악화, 뾰족수는 짜내고 짜내도 돌에서 기름 짜내기
멈추기 다행이지 돌 짠다고 나올 기름이나 있던가

## 손 봐야

문재인 전 대통령 기소 계기로 '검찰 스스로 해체 길 선택'이라며 '검찰개혁 재점화' 도화선 됐다데, 어차피 손대려면 이번 기회에 '수사·기소 분리와 함께 '정치검찰 손 봐야

## 오염 안 된 것도 있던가


마시는 생수에서 세균에 중금속도 나왔다던데, 당연한 일, 지상의 모든 것들이 오염 안된것도 있던가, 물뿐만이 아닌 인간의 오염도로 더 심각, 정신적 오염에 육체적 오염까지 오염 안 된 것도 있던가

## 이현령비현령이어서

안보이유로 내란공범 재판 증인 신문도 공개 안 했다던데, 김용헌
노상원 등 내란공범 공개 없이 진행이면 국민의 알권리 침해 아닌가
안보? 보안이냐? 재판이란 게 본디가 이현령비현령이어서

## 펄펄 안 끓어서 다행이지


한반도 해역 수온, 지구 평균의 2배 상승했다데, 어찌 안 그러겠나
그리 핏대 세우고 설전(舌戰) 화전(話戰)까지, 지르느니
불길뿐인데 해역이라고 시원하겠나, 펄펄 안 끓어서 다행이지

## 없어서요

'눈을 감았다 뜨면', 소싯적에야 '코 베어 간다'고 들었지만
근래엔 잘 듣지 못했던 말, 그래 '눈 감았다 뜨면' 어떤가요
글쎄요? 눈 뜨고 있어도 코 베어 가버려, 눈 감아본 적이 없어서요

## 오래인걸

'불타 죽은 멧돼지 애도에 '불탄 개의 넋두리' 했던데 불타 죽은 게 어찌 멧돼지 개뿐이이던가? 화마 아닌 가슴앳불 잉걸불 끄지 못하고 살아온 지 오래, 삶 숯검덩 된 지 오래인걸

## 화옥(火獄)살이인 것을

성장엔진 꺼진 한국경제 했던데, 꺼져 멎어버린 게 경제
뿐이던가, 타서 재 돼버린 것은 경제뿐만이 아닌 생존 자체
지금도 불길로 타고 있는 삶들 화옥(火獄)살이인 것을

## 불씨여서

국회연설에서 한덕수 대행 '정부 신뢰해달라'한 모양이던데
글쎄요? 정부수장을 믿지 못하는데 정부인들 신뢰하겠는가
대선출마 간보기가 불신의 불씨여서

## 민낯이 되레 천사 같아서

문재인 기소, 윤석열 부부 특혜를 검찰 제 무덤 파는 두 얼굴 했던데
한 얼굴 제대로 지키기도 어려운데 두 얼굴이먼? 어떤 얼굴일까?
하나는 인두겁, 또 하나는 도깨비탈 써서 민낯이 되레 천사 같아서

■ 시집 평설을 대신해서_諷詩調에 대한 사계의 견해

## 三行詩의 안팎

문덕수(전 예술원 회원)

1.

박진환의 三行詩Ⅷ『諷詩調』를 읽고 느낀 바가 많지만 다 말할 수는 없을 것 같다. '諷時調'라고 하지 않고 '諷詩調'라고 한 것은 '시조(時調)'와는 다른 장르임을 말하는 것이 분명하고, '풍조시(諷調詩)'가 아니라 '풍시조(諷詩調)'라고 한 것은 이와 유사한 다른 장르명의 어순을 따를 필요가 없음을 암시한 것 같다. 어쨌든 '풍시조(諷詩調)'는 다른 누구의 것도 아닌, 바로 박진환의 장르다. 그가 풍시조의 시조요, 창업자다.

'풍시조(諷詩調)'의 '풍(諷)'은 '풍자(諷刺, satire)'일까. '풍유(諷喩, allegory)'일까(諷諫, 기자(譏刺)라는 말도 있다). 풍(諷)은 '言十風(음)'으로 된 글자인데, 떨리는 소리로 낭독하는 것을 풍송(諷誦)이라고 하고, 바람이 나뭇가지나 이파리를 흔들듯이 사람의 마음을 움직이는 것을 '풍(諷)'이라고 한다. '풍자'는 후자에 해당한다. 그러나 이러니저러니 따질 필요는 없다. '시 작품' 자체가 시론이기 때문이다. '풍시조'의 정체는 박진환의 작품에 있다고 하겠다.

113

> 달콤한 오수 깨며 띠리링 울리는 벨소리 속 목소리
> 기막힌 부동산 정보 전해 드리려고요
> 너나 기막히세요, 난 귀 열고 매미소리나 벗하리니
> ―「귀 열고」

　IT매체들(휴대전화 등)을 통해 부동산 중개업자(복덕방)의 이러한 극성스러운 메시지는 시민들이 역겹도록 경험하고 있는 현실이다. 시도 때도 없는 각종 정보 발신에 시민들이 무방비 속에 시달리는 것은 정보공해라고 할 수 있다. 이 시는 요즘의 이러한 부동산 시장의 상황과 정보공해가 전제되어 있고, 이러한 상황을 어느 정도 공유하고 있는 독자에게만 공감이 절실할 것이다. 풍자건 유머건 간에, 독자의 다양한 지적 교양이 전제된다는 점에서 지성적 활동이라고 할 수 있다 (박진환을 '주지시'의 계열의 중요시인으로 보는 것도 이 때문이다).

### 2.

　왜 3행시일까. 20행, 30행의 장시나 산문시면 안 되는가. 초·중·종장과 같은 3행이지만, 시조의 율조와는 관계가 없다. 종장 '3·5·4·4'와 같은 율조도 지킬 필요가 없다. 음보와도 관계없다. 시조의 3행과 같다는 말도 사실상 난센스다. 그럼에도 3행시로 한 뭔가의 이유가 있지 않을까. 앞에 든 「귀열고」에서 여러 가지 장치를 전지(剪枝)하고 3단논법의 뼈대만 추려 본다.

남을 괴롭히는 전화는 받기 싫다(대전제)
요즘의 부동산 정보전화도 사람만 괴롭힌다(소전제)
그러므로 내게 그런 전화하지 말라(결론)

이와 같은 논리소('화소'라는 말이 있지만 '논리소'라고 해둔다)로 환원시켜 놓고 보면, 「귀열고」는 3단논법의 시상 전개임을 어느 정도는 이해할 수 있다. 상황 제시(대전제, 제1행), 권유나 권고(소전제, 제2행), 거절(결론, 제3행)로 된 3단형이나 구문면에서는 문답형이다. 3단 논법이란 2개 이상의 전제를 제시하고, 거기서 결론을 도출하는 추론형식이다. 2개든 3개든 2행으로 전제를 제시하거나 열거하고, 논리 진행의 반전, 좌절, 총합 등으로 결론을 도출하게 되면 '3단형'이 되지 않을 수 없다. 또 구문상의 '문답형'으로 본다고 하더라도 물음과 답이 각각 1행씩 합해서 2행이 되고, 물음과 대답을 성립하기 위한 전제적 상황 제시가 1행을 차지하면, 이 또한 3행 형식을 취하게 된다.

돈 많은 세상에 돈 없이 배고파하는 꼴이나
물난리에 물이 없어 목말라 하는 꼴이나
사람 중에 사람 없어 정치공황 부황든 꼴이나
— 「꼴이나 꼴이나」

「꼴이나 꼴이나」도 3단형이긴 하나 논리의 극적 국면(반전, 좌절 등)이 약한, 즉 편평(扁平)한 3단형이다. 더 정확하게 말하면 전제만 3행으로 열거되고 결론이 없는(결론은 독자의 몫으로 남겼다.) 일종의 '나열형'이다. 틀(뼈대)을 추려보면 "풍족 속의 굶주림은 꼴불견이다(제1행), 홍수 속의 갈증은 꼴불견이다(제2행), 인재 귀한 정치 공황은 꼴불견이다(제3행)"의 3단형인데, 대전제·소전제·결론 형이 아니라 단지 전제의 3행 나열에 지나지 않고, 이러한 나열을 총합한 결론은 독자에게 맡겨져 있다. 구문상으로는 '꼴이냐'가 각행의 끝말로 반복(세 번 반복)되는데 귀납형의 방식이라고 할 수 있다. 대전제를 먼저 제시하는 3단 논법형과는 다르다고 하겠다. 3단형이라고 하더라도 여러 가지 성질의 형식이 있으므로, 여기서는 변죽만 건드려본 정도로 그치겠다.

**3.**
다음엔 실제 작품을 조금 음미해 본다. 「귀열고」는 「夏夜」와 더불어 박진환의 풍시조 중에서 가장 재미있는 작품인 것 같다. 전형적인 작품이라고 해도 괜찮다.

'기막히다'의 활용형(기막힌, 기막히세요)은 문답의 '고리' 역할을 한다. 부동산중개업자와 시적 주체도 연결시켜준다. 그런데, 대답 부분(제3행)의 '기막히세요'라는 '고리'에는 '기막히다(어떤 일이 하도 어이없거나 엄청나서 질릴 정도이다와 같은 부정적 성질의 의미와, 어떻다고 말할 수 없을 만큼 좋거나 정도가 높다와 같은 긍정적 성질의 의미가 공존한다)와 '귀(耳) 막히다' 등의 의미가 공재해 있고, '귀 막히다'는 뜻의 말은 짐짓 잘못 알아들은 것으로 되어 있다. 이 풍시조의 재미는 '기막히세요'라는 고리에 내재된 다채로운 뉘앙스의 삼중 겹침에 있는 것 같다. 여기에 "너나 기막히세요"라는 독백 형식의 대답에는 "너나 잘하세요"(영화 「친절한 금자씨」의 주인공이 한 말)도 연상되고, 더 지적으로 민감한 독자라면 "사또님 말씀이야 다 우습지"나 "사돈네 남의 말 한다"와 같은 속담도 연상하게 될 것이다. 또 2인칭 대명사 '너'와 높임말인 '기막히세요'는 존대법상 일치하지 않는다. 이러한 문법적 불일치도 미적·풍자적 효과에 한몫 더한다. 말하자면 독자의 지적 수준에 따라 그 웃음과 재미가 증감된다. 아마 이러한 시적 장치의 전부를 담아 뭉뚱그리기에 적합한 가장 간결한 형태가 3행시가 아닐까도 생각된다.

> F킬라를 뿌리듯 이발사가 내 머리에 스프레이를 분무한다
> 내 머리를 모기나 파리 대가리쯤으로 아는 모양이다
> 하긴 싹싹 손 비비고 남의 피나 핥았으니 그럴 법도 하지
> ― 「이발소」에서

전제가 되는 부분의 열거를 1행, 2행에 배당하고, 그 전제를 근거로 제3행에서 결론을 도출한 3단형이다. "이발사가 내 머리에 스프레이를 뿌린다(제1행), 나를 모기나 파리로 간주하는 것 같다(제2행), 아첨하고 착취했으니 이발사의 행위는 당연하다(제3행)"는 것이 이 풍조시의 뼈대다. 추린 논리소다. 그러나 이 논리 속에는 의도적 곡해(曲解)와 사회를 향한 우회적 공격이 숨어 있다. 논리 속에 숨은 이 장치의 이해가,

이 풍시조 수용의 전제가 된다.

특히, "싹싹 손 비비고 남의 피나 핥았으니"에서, 1인칭(모기나 파리의 1인칭)인 '나'의 비하(卑下)를 통해서 파리나 모기와 다를 바 없는 자신이 바로 사회의 무고한 사람들에 대한 침입자나 가해자였음을 폭로한다. 자기가 바로 풍자의 칼날에 희생되어야 할 대상이며, 자신의 비하가 공격과 비판을 위한 칼날 갈기의 전제라는 아이러니를 본다. 일종의 도회(韜晦)의 비늘이라고 할까. 새디즘과 매저키즘은 동전의 양면이라는 심리분석도 이 경우에 해당될지?.

        夏! 정말 덥다, 夜! 시원하다
        夏夜보다 더 신나고 시원한 것 없을까
        없긴 왜 없어, 下野란 말 있잖아
            — 「夏夜」 전문

「夏夜」는 문답형 중의 자문자답형이다. 독백형 자문자답이다. 두 개의 전제에서 의외의 결론을 끌어낸 3단 형태라고도 할 수 있다. 제1행의 대전제가 그다음의 소전제와 결론인 대답을 가능하게 해준다. 어쨌든 '夏夜'라는 편(pun)과 더불어 박진환식 풍자와 해학의 가장 돋보이는 전형적인 시다. '夏夜'에 내포된 골계미와 풍자성을 분석해 보자.

 '하야'라는 시니피앙에는 1)계절로서의 夏夜, 2)'하! 야'라는 반응의 감탄사, 3)하야(下野)라는 시니피에가 겹쳐 있다. 반복하면 시니피앙의 한 덩어리 속의 세 시니피에가 꼬리를 물고

꼬여 메비우스의 띠처럼 회오리친다. 특히 '하야(夏夜:下野)'라는 말이 지닌 풍자성이 시 전체(1행, 2행, 3행)에 삼투되어 방사(放射)한다. 웃음 속에 감추어진 칼날을 보는 것 같아 섬찟하다.

4.
끝으로 풍시조 1편과 외국의 우화 1편을 비교해 볼까 한다. 대상은 둘 다 '중동(中東)'이다.

> 열사의 불 먹고 사는 탓에 제 버릇 못 버려 즐기는 불장난
> 　　석유까지 불을 뿜어대니 연일 불바다지
> 얼음을 먹어야 식히는데 中東엔 仲冬이 없으니
> 　　　　　　　　　　　　 ―「仲冬이 없으니·1」

이것은 일종의 '펀'이다. 「夏夜」에 비하면 편의 구조도 퍽 단순한 편이다. 페르시아만(아라비아만)의 해변에 '개구리' 한 마리가 햇볕을 쬐고 있는데, '전갈(scorpion)'이 와서 바다 건너 저쪽 언덕까지 등에 태워 건너달라고 부탁한다('전갈'은 몸속 독낭에 못 모양의 독침이 들어 있는 동물이다).

"싫어. 넌 전갈 아냐. 날 찔러 죽이려고"
"바보 같은 소리" 내가 찌르면 너도 죽지만 나도 익사하지 않는가. 잠시 생각한 끝에 개구리가 말한다.
"그렇군. 그럼 내 등에 올라타"

전갈을 등에 태운 개구리가 아라비아 바다를 건너기 시작한다. 바다 복판쯤에 왔을 때, 전갈은 갑자기 독침을 꺼내어 개구리를 찔러 버렸다.
"왜 이래?"
전갈이 대답했다. "여긴 중동(中東)이야."

유머지만, 이것은 '우화'의 형식을 취하고 있다(박진환도 '우화' 쪽으로 발전할지도 모른다). '개구리'는 아라비아만으로 관광 온 유럽인인지도 모른다. 그러나 이 조크에 등장하는 '전갈과 '개구리'의 본의(本義)가 각각 유럽과 중동 중에서 어느 쪽인가에 따라 작품 전체의 이야기가 달라지고, 공격의 대상도 반대가 된다. 그러면 박진환의 풍시조의 공격 대상은 누구인가. 중동만이라고 할 수 없다. 여기서 해학이건 풍자건 그 속에 감춘 예리한 '날의 현동화(現動化)가 실은 얼마나 어렵고 미묘한 것인가를 시사한다. 특히 「전갈과 개구리」의 경우, 그 균형(balance) 잡기의 어려움을 실감하게 된다.

나는 오늘의 한국시의 지형도를 그려본 적이 있다. 1)전통과 서정(전통적 서정시), 2)메시지와 관념(관념시, 생태시), 3)이미지와 물리성(언어 이미지시), 4)탈관념의 실험(탈관념시), 5)주지적 처리(주지시) 등이 그것이다. 한국시의 동서남북이라고도 할 수 있다. 우리 시단의 특색 있는 시의 중요한 작품들은 일단 이 지형도로 배열, 배치할 수 있다. 우리 시의 현황이다.

나는 박진환의 최근작(3행의 풍시조)을 주목하면서 '주지시'

의 장르로 보았다. 지금도 나는 이러한 자리매김을 후회하지 않는다. 김춘수는 박진환의 풍시조에 대하여 『하여지향(何如之鄕)』을 쓴 송욱의 '전철'을 밟고 있다고 했지만, 나는 송욱과 '같은 계열'이라고 보지, '전철'이라고는 생각하지 않는다. '풍자의 노끈'으로 송욱과 박진환을 칭칭 묶어 버리는 것도 가능하나, '풍자'가 있는 '주지(主知)의 토포스' 속에 자리한 박진환의 거처가 지닌 의미의 진폭을 이해할 필요가 있을 것 같다. 풍자, 해학, 편, 아이러니, 비꼼, 조롱 등은 '주지시'의 자원이긴 하나 이것만이 전부는 아니다. 이러한 주지시는 송욱, 김현승, 김광섭 등을 거쳐 김기림(金起林)의 장시 『기상도(氣象圖)』(1936)에 이른다는 사실을 이해한다면, 주지의 여러 가지 자원이 뭣인가를 짐작할 수 있다. 『기상도』가 지닌 주지적 풍부함의 목록을 일일이 확인할 필요가 없을까.

이야기를 많이 에둘렀다. 다시 「仲冬이 없으니·1」과 「전갈과 개구리」 이야기가 지닌 한 가지 토픽도 주지(主知)가 지닌 여러 가지 목록 중의 하나다. 지성은 억제와 조절에 바탕을 둔 '균형'을 강조한다. 형이상적 존재의 인식, 그 인식이 지닌 초월성의 자기화(自己化)에 의한 시선의 확보, 그 중의 풍자적 시선이 공격 대상을 선정하는 일에 도리없이 참여하는 '균형'은 특히 중요하다. 저울대의 무게와 추가 형평을 이룰 때 '풍자'는 더욱 빛날 것이다.

■ 시집 평설을 대신해서_諷詩調에 대한 사계의 견해

## 知的調律에 의한 시 意味의 密度와 結晶度
― 『諷詩調』의 창간에 부쳐

### 성찬경(전 예술원 회원)


 문예지 『풍시조(諷詩調)』가 창간되었다. 때는 2008년 초여름이고, 앞으로 계간지로 계속 발간될 것이라는 예고다.
 문예지라고 했지만, 문예지치고는 매우 특수한 성격을 지니는 문예지다. 우선에 소설은 배제된 시 전문지이지만, 넓은 범위의 시 일반을 싣는 것이 아니라 '풍시조(諷詩調)'란 새로운 시적 유형과 범주에 속하는 시만을 모아서 엮는 시지이니, 이를테면 시단 안에서도 특수 전문지의 성격을 갖는다. 흔히 취미 오락 등을 다룬 잡지에 낚시니 등산이니 바둑 등을 전문으로 다루는 잡지를 보게 되는데, 『諷詩調』는 시 안에서도 독특한 장르만을 대상으로 하는 일종의 전문 시지(詩誌)인 셈이며, 우리나라 시사(詩史)와 시단의 현황이 어언 여기에까지 이르렀는가 하는 감회를 갖게 된다.
 여기에서 좀 더 차분히 『諷詩調』의 출현을 지금까지 키워 온 그 뿌리와 수맥을 살펴볼 필요가 있다. 말할 것도 없이 이

『諷詩調』의 근본이 되는 자양적 모태는 박진환 시인이 약 30년에 걸쳐서 전개해온 넓은 의미에서의 지성시(知性詩) 운동이다. 박진환 시인은 이러한 지성시의 구체적인 전개방법으로서 '형이상학시'의 기치(旗幟) 아래, 이른바 변용의 시를 추구해온 것은 세상이 다 아는 바다.

 변용의 시도 실은 그 개념의 범주가 좁다 할 수는 없다. 더 구체적으로 말하면 시에서의 위트, 컨시트, 또는 펀과 같은 기법을 활용하여 시의 정서적 구조를 지적 구조로 바꾸고, 그럼으로써 시를 의미의 밀도에서 좀 더 경질(硬質)의 것이 되게 하려는 시적 추구를 말한다. 그리고 이것은 그 시적 추구에서 17세기 영국의 '형이상학파' 시인들의 추구와 그 맥이 통한다는 사실도 우리가 알고 있는 바와 같다.

 여기에서 박진환 시인의 이러한 시적 추구가 우리 시의 현실적 상황과 어떠한 관계에 있는가 하는 점을 살필 필요가 있다. 현재의 우리 시는 한 마디로 지성이라는 영양소의 결핍 증세가 심한데, 또한 그것을 자각하고 있지도 못하다는 것이 나의 솔직한 판단이다.

 시에서 지성이 하는 구실은 일종의 조화 감각이라 할 수 있다. 시가 너무 한쪽에 치우치는 것을 막아주는 감시의 역할을 하는 것이 바로 지성이다. 그래서 시에서 지적 요소가 부족하면 시가 한쪽으로 치우치는 것을 막지 못한다. 시에서 눈물이 너무 많아진다거나, 지나치게 격정에 사로잡힌다거나 정서의 내용이 너무 가냘퍼진다거나, 또는 지나치게 괴기해진다거나 하는 현상이 모두 지성적 작용의 결핍에서 오는 증후라 할 수 있다.

　문예지 『조선문학』을 중심으로 하는 한 무리의 문인들이 문학에서 지성적 구실을 강조하고, 줄기차게 우리 문단에서의 이러한 허점을 보완하고자 한 문학적 공헌에 대한 평가에서 우리는 몰인식과 소극성을 벗어나지 못하고 있는 것이 아닌가 하는 것이 역시 나의 생각이다.
　이번에 발간된 『諷詩調』는 박진환 시인이 벌여온 시운동의 더욱 정제된 결정과도 같은 것이며, 이것을 일종의 '문학적 발명'이라 해야 마땅할 것이라는 생각이 든다.
　어느 시대에 있어서나 문학의 새로운 양식은 그것이 하나의 새로운 발명임을 의미한다. 그리고 진정한 의미에서의 '발명'이라면, 얼핏 보아 아무리 하찮게 보이는 것일지라도, 거기에는 발명자의 많은 시간과 피땀과 노고가 스며있음을 잊어서는 안 된다. 시에 있어서도 마찬가지다. 시의 새로운 체질과 양식과 장르의 발명이 실은 시인들의 끊임없이 노력하고 추구하는 목표이기도 한 것이다.
　'諷詩調의 출현 역시 결코 하루아침에 이루어진 우발적인 출현이 아님은 말할 것도 없다. 지금까지 박진환 시인이 시도해온 많은 '3행시'와 '諷詩調가 그 싹이 되어 피어왔음은 물론이다.
　『풍시조(諷詩調)』가 갖는 새로운 체질적 특색을 간단히 살펴보겠다. '諷詩調가 우리 고유의 전통적 시가의 형식인 '시조(時調)'와 체질적 연관성이 있음은 물론이다. 諷詩調의 구성이 3행으로 돼 있는 점이 초중종 3장으로 돼 있는 시조와 일치한다는 것에서도 이 일을 알 수 있다. 원래 시조의 초중종 3장도 시조보다 더 뿌리 깊다 할 수 있는 동양 고유의 한시(漢詩)의 기승전결에서 나온 것임을 우리는 짐작할 수 있다. 4행 1연을 기본 단위로 하는 기승전결은 사실 동서고금의 모든 시적 감흥의 기본 틀이기도 하다. 다만 시조의 경우 종장에 해당하는 3장에서는 '전(轉)'과 '결(決)'이 한 행에 압축됨으로써 4행의 경우보다도 더욱 극적 효과와 시의 긴장감을 높여주고 있다.

이와 같이 諷詩調는 시조와 일맥상통하면서도 예술적 감흥을 겨냥하는 데에서는 시조(時調)와 사뭇 다르다. 곧 시조의 시의 뜻을 한자의 때시 '時'에서 글시 '詩'로 바꿔놓은 데서 그 겨냥하는 바를 짐작할 수 있다. 시조(時調)가 그 주제를 시대적 풍습에 맞추려는데 두고 있다면, 諷詩調에서는 시류(時流)를 넘어서는 작품으로서의 시적(詩的) 가치를 높이려는 의도가 숨어 있으며, 이런 점에서 諷詩調는 이른바 순수시(純粹詩)와도 그 방향을 같이 하게 된다.

'시조(詩調)', 곧 시의 흐름에 또 '풍(諷)' 자가 결합되어 있으니, 이것은 또 어떤 의도를 품고 있는 것일까. 여기에서 '풍(諷)'자는 박진환 시인이 시지의 '창간사'에서도 밝히고 있는 바와 같이 시에 넓은 의미의 풍자성(諷刺性)을 담으려는 의도와 다를 바가 없으니, 이 풍(諷)의 개념에는 시에서 전개할 수 있는 지적 작업 일반의 여러 항목이 두루 포함돼 있으며, 위트, 아이러니, 새타이어, 시니시즘(비꼬움) 등 표현상의 역설적 기법이 종횡으로 등장하게 된다.

그리고 이러한 풍자는 그것이 일종의 지적 응징의 구실을 하게 되는 것이며 이와 같은 응징의 숨은 의도는 바른 사회, 꼴불견인 시류적인 속물(俗物)들이 사라지는 사회, 양식이 통하는 밝은 사회의 출현을 바라보는 것이니, 깊은 뜻에서는 이 풍자의 정신이 곧 인도주의적 염원과도 일치한다는 점을 간과해서는 안 될 것이다.

'諷詩調의 보기로서, 박진환 시인이 전, 현직 대통령을 소재로 풍자한 시를 보려 한다.

> 노랗게 노랗게 노자로 시작해서
> 나리나리 개나리 리자로 끝나면 무슨 나리게
> 개나리, 노노노 무식하긴 노나리지
> ―「개나리」

> 이명박 대통령 임기 끝나 퇴임하는 날이 2012년 12월 26일
> 이날에 맞춰 돌아가는 시계가 이명박 시계란다
> 시작이 엊그젠데 퇴임 날 꼽아가며 돌아가는 시계가 있다니
> ―「이명박 퇴임시계」

펀과 시니시즘과 새타이어가 2중 3중으로 얽히고 꼬인, 고도로 지적인 시적 작업임을 알 수 있다. 이보다 더 따끔한 응징적 일침이 또 있겠나.

계간지 『諷詩調』는 이제 막 창간되었기 때문도 있겠지만, 아직 동인지의 성격을 완전히 벗지 못한 느낌도 없지 않아

있다. 앞으로 이런 점도 차츰 보완이 되리라 믿어지며, 이 시지가 잘 성장하여 응분의 구실을 하게 될 것을 나는 축원의 시선으로 바라본다. 그렇다 하더라도 일관성 있는 '지성시'에의 헌신과 노고가 정당한 평가를 받게 되는 날이 우리 시사(詩史)에서 언제 찾아올 것인가.

■ 시집 평설을 대신해서_諷詩調에 대한 사계의 견해

# 諷詩調의 깃발과 風向
― 새로운 시 운동에 대하여

김용직(전 학술원 회원)


　극히 최근에 그 모습을 드러낸 諷詩調 운동에는 두 가지 정도의 전략이 내장되어 있는 듯 보인다. 그 하나가 독특한 형태양식 해석이며 다른 하나가 현실 상황을 향한 예각적 공격의식이다. 명백히 현대 서정시의 서부(西部)를 개척하려는 의욕으로 시도된 이 시운동은 그러나 그 형식을 3장 6구를 원형으로 한 단형시 제작을 바탕으로 하고 있다. 3장 6구의 단형시라면 우리 머리에는 곧 한국 전통시가 양식인 시조가 떠오른다. 시조는 국민문학파에 의한 개혁운동 이후 새로운 토대를 마련하게 되었다. 이때부터 시조는 고전시가의 인습적인 면을 벗어나 새 시대의 양식이 된 것이다. 諷詩調는 시조의 이런 틀을 이용하려는 듯 보인다.
　諷詩調는 그 의식성향으로 보아 상당히 공격적이며 호전적이기까지 하다. 그 도마 위에는 정치, 경제, 사회, 문화의 문제만이 아니라 개인의 윤리, 도덕적인 사건까지가 가차 없이 올라 난도질당한다. 그런데 많은 경우 諷詩調의 비판, 공격은 예술적 의장을 거치지 않은 가운데 이루어진다. 諷詩調에서 풍(諷)은 수사론에서 풍자를 뜻할 것이며 고전문학의 감각을 곁들이게 되면 풍간(諷諫)과 같은 맥락에서 해석될 말이다. 풍자와 풍간에 역겨운 현실, 아니꼬운 대상을 꼬집고 공격하는 단면이 내포되어 있는 것은 사실이다. 그러나 그런 경우의 비판, 공격은 진술의 형태로 이루어지는 것이 아니라 비유의 형태를 취하는 것이 바람직하다.

풍자문학에서 직접적 언술(言述)이 아니라 간접적인 기법이 이용되는 까닭은 단순하다. 많은 경우 시인이 아니꼽게 생각하는 대상은 한 시대와 사회에서 강한 힘을 가진 개인이거나 집단과 그 부수 형태인 제도나 규범들이다. 그들을 진술의 차원에서 공격하는 경우 작품들은 즉각 압수, 폐기되고 그 제작들은 연행, 구속될 위험에 노출된다. 시와 예술이 노려야 할 것은 이런 자살 특공대식 자기표출이 아니다. 이런 감각이 생산해 낸 전략의 결과가 풍자로 해석되어야 하는 것이다.

諷詩調가 3장 형식을 취한 것에 대해서도 이와 거의 같은 이야기가 가능하다. 諷詩調가 3행시의 형태를 이용한 것은 3행시가 한국 전통 시가를 대표하는 것으로 판단된 결과일 것이다. 새로운 시가운동이 국민문학의 자리에 오른 양식의 특성을 이용하는 것은 슬기로운 일이다. 그러나 이 경우에도 우리는 창작활동에서 기본교의 하나를 기억하고 있어야 한다. 모든 창작활동에서 형태는 묵수될 것이 아니라 새롭게 해석, 개척되어 나가야 한다. 국민문학파의 전례가 가리키는 바와 같이 3장 6구의 시조가 갖는 큰 틀은 긍정적으로 계승될 수 있다. 그러나 그 틀 속에 새로운 시로서의 호흡과 맥박은 끊임없이 재창조되어야 한다.

  우리는 모처럼 시도되는 諷詩講 운동이 한국 현대시의 높은 산맥이 되고 푸른 강줄기를 이루어나가기를 희망한다. 이런 소망이 다소간 비판적인 생각을 토로하게 된 셈이다.

■ 시집 평설을 대신해서_諷詩調에 대한 사계의 견해

# 박진환의 3행 '諷詩調'에 대하여

최원규(충남대 명예교수)

최근 지속적으로 왕성하게 발표해온 박진환의 삼행시초 '諷詩調'야말로 괄목할만한 한국적 단형시다. 더구나 시대적 상황이 사회적으로 굵직한 이슈를 던져주었던 전변의 정치적 관심이 우리 모두를 끌어들이는 시기와 맞물렸기 때문이기도 하다. 이미 정권 교체에 따른 권력의 갈등에서 겪은 일이지만 대선과정에서 마지막까지 문제가 되었던 BBK 사건, FTA, 숭례문 복원, 대운하 찬반, 광우병 등으로 인한 촛불 시위 범람이 쓰나미처럼 휩쓸고 지나갔으며 아직도 그 여진이 계속되고 있다.

이렇게 불안한 계절에 시인은 이들의 갈등과 부조리를 외면하고 추상적인 언어를 기반으로 하는 사회적 연대감에서 벗어나 강 건너 불구경만이 순수의 미덕인가. 마땅히 지식인으로 가치판단이나 문화적 선악에 동참, 선도의 언어가 필요해진 것이 너무 당연하다. 하물며 시는 시인끼리 담을 쌓고 그 속에 안주해 있는 모습에서 벗어나 시민과 동참 동행하는 시민의식이 필요하다.

이미 우리 시의 역사 속에서도 한용운, 이육사, 윤동주 그들의 평가에서 볼 수 있듯이 그들의 시에서 우리의 의지와 나라를 걱정하는 애국시가 용솟음치기도 하였다. 그런 점에서 이 시대 박진환의 諷詩調야말로 우리 시단의 중요한 뇌관을 건드린 사건이라고 판단된다.

諷詩調는 삼행이라는 점에서 시조와 같으나 구조나 형태적 특질이 시조의 틀을 벗어났을 뿐만 아니라 어귀나 비유법의 방법을 시조와 달리한다. 한편 화제가 되고 있는 시대적 상황을 직접적인 논의와 평가를 요구하며, 아이러니, 패러독스, 유머로 수용한다. 요컨대 박진환의 '諷詩調'는 업투데이트한 시대적 사회시를 전제한다. 그러므로 그의 '諷詩調'는 작중 인물들의 선행이나 악행의 전제를 제시하며 마지막 행에 이르러서는 개선이나 선과 악의 가치판단의 동참을 요구한다.

박진환의 '諷詩調'는 악과 사의 교정을 위한 화해적 개선이라는 점에서 꼬집고, 비꼬고, 깎아내리고, 비아냥하고 비판, 고발, 폭로를 시의 바탕으로 삼되 마지막 의도는 '순수한 통징'을 감행함으로써 풍자시보다는 한 차원 높은 시적 장치를 갖추고 있다는 점에 주목한다.

박진환은 엄격하거나 거창한 테마를 희극적으로 처리하거나 재미와 멸시, 분노와 냉소의 태도를 환기시킴으로써 그것을 약화시키는 기법을 사용한다. '웃음을 무기로 사용하고 작품의 외부에 존재하는 과녁을 겨냥한다. 그 과녁은 개인적인 일일 수 있고, 어떤 계층이나 제도나 국가나 인류 전체에게까지 할 수 있다'라고 전제한다.

요컨대 화자가 단정하는 외견상 주장과 속으로 의도하고 있는 의미가 서로 다른 진술을 할 때 그 진술은 태도나 평가를 명백히 표현하지만 그것과 매우 다른 태도나 평가를 함축하고 있는 것을 포함하는 것이 아이러니의 기술이라고 보았을 때 박진환의 '순수한 통징'을 암시한다. 발음이 같고 흡사하지만 의미는 전혀 다른 같은 소리에 다른 의미를 갖는 말들은 때로 읽는 이에게 가치판단의 격정적인 한편으로 기울게 하기보다 그것을 유보하며 역지사지(易地思之)의 공평성을 유발시키고 화해성을 유도한다.

박진환은 시적인 재담(equivoque)도 있고 때로 언어유희(pun)도 있지만, 그것들은 읽는 이로 하여금 간담이 서늘해지는 경지까지 유발한다. 때로는 '삶 속의 죽음'이나 '쾌락의 고통', '사랑의 증오'들처럼 메타피지컬포에트(Metaphysical poets)들이 사용한 흔적에 영향되었다고 할 수 있으나 박진환의 경우 경고성의 환기에 더 치중함을 볼 수 있다.

마침내 풍(諷), 시(詩), 조(調) 각개의 문자 의미의 내부를 탐색할 때 모두 언(言) 말씀이 들어있다. 말씀[言]은 글[文]과 구별된다. 글은 논리와 절제를 요구하지만 말[言]은 흘러가는 물과 같이 지형이나 지세에 따라 형태가 변하며 응집한다. 그러므로 흐름의 방향은 같지만 물줄기는 즉흥적이며 당대의 상황에 따라 전변한다.

말씀[言]은 바람[風]과 절[寺]과 두루할 주(周)를 더하여 동서남북, 종횡무진, 당대를 섭렵한다. 그리하여 박진환의 '諷詩調는 마침내 세상사의 이야깃거리의 중심부에서 주제할 수 있는 정세의 총화와 전환을 암시한다.

박진환의 諷詩調가 꼭 3행이어야 하는가의 문제에 대하여 신중히 생각해야 한다. 다만 어느 민족이고 그 민족의 정서적 흡인력에 의하여 자연 발생적으로 생겨난 정형적 틀이 있어 왔다. 가령 당시(唐詩)의 4언 또는 7언 절시나 영시의 4행시 (quatrain), 이행연귀(couplet), 14행시(sonnet) 모두 각운 구조로 결합된 강약음보격의 시행으로 되어 단일시귀(stanja)의 서정시인데 우리의 고유 문학형태의 시형(시조)들이 3장 6귀의 원칙을 고수한 것은 민족적인 고유성과 기풍(Ethos)에 의한 것이라고 믿는다. 다만 박진환의 경우 꼭 우리의 시조를 의식한 3행시는 아니지만(사실 시조와는 그 정형시로 의미구조의 잣대에 맞지 않음) 정형시로서 규율에 맞는 것이 아닌 자유시로서의 의미를 더욱 확대한다.

외형상 3행시로 처리한 것은 압축과 긴장미의 효과를 살리며 음수율에서 체험할 수 없는 탄력을 보여준다.

그리하여 3행시는 우리에게 낯익고 우리 말의 생태적 관습의 순리에 수용된다. 또한 시의 자연스런 형태의 공감이 일반화되었기에 박진환 삼행시가 우리 시단의 충격파를 더해 간다고 생각된다. 그의 3행 諷詩調의 창출은 우리 시문학사의 새로운 원형을 배가시킨 원동력이 될 것이며, 한편 시적 표현 미학에서 잡다한 외래적 수용의 난맥상을 제압하는 데 주요한 길잡이가 될 것이다.

박진환의 3행 '諷詩調'는 시조(時調)와 동자이의어(同字異義語)로 우리에게 새로운 정형성의 모델을 제시한다. 그러므로 우리 현대시가 지닌 무모한 율격이나 시적 주제의 미숙성 또는 혼미성을 극복하는 데 따른 주제시로서 확실한 언덕이 형성된 셈입니다.

■ 시집 평설을 대신해서_諷詩調에 대한 사계의 견해

# 풍시조 읽기

문효치(전 문협 이사장)


 박진환 시인의 諷詩調를 읽었다  풍시조(諷詩調)라는 낯선 이름에 대하여 저자는 풍자시를 줄여 풍시라 하고 거기에 무슨무슨 투나 태도의 뜻으로 조(조.調)를 붙였노라고 설명하고 있다. 그러니 諷詩調의 본질은 풍자시일 듯하다.
 우선 재미있다. 식상한 이미지들의 나열이나 아니면 거의 산문화 되어버린 요즘의 시들에 입맛을 잃었는데 이 諷詩調는 매우 신선한 재미를 느끼게 해 준다.
 세상은 부조리와 불합리와 부정 불의 등으로 가득 차 있다. 이러한 세태가 우리를 짜증나게 하고 화나게도 한다. 살맛을 잃게 한다. 정말 살맛을 잃게 하는 재미없는 제재를 박진환 시인은 재미있는 시로 만들고 있다.

 핵, 우리도 그간거있어 펑펑터지는 국제특허품 不字標 핵 있어
  불평등·불공평·부조리·부정부패·부동산 투기까지

건들면 폭발하는 순 국산 不字標 핵 있다고, 까불고 있어
　　　　　　　　　　　　　　　　　　—「까불고 있어」전문


불평등 불공평 부조리 부정부패 부동산 투기 등 우리사회에 만연한 부정적 요소들, 이것들은 가히 우리 사회를 파괴시킬 만한 위력을 가지고 있다. 정말 심각한 문제다. 이런 사항들을 '不字標핵'으로 둘러댄 그 재치가 재미있다. 그래서 이 시를 보면 일단 웃음이 난다, 진짜 핵을 '그깐거' 라고 대수롭지 않은 존재로 봄으로써 '不字標 핵의 위험성을 한껏 고조시켜 놓았다. 내용은 매우 심각한 문제성을 가지고 있지만 표현된 말들은 우리를 재미있게 해 준다.
　'까불고 있어'라는 끝절은 상대방(진짜 핵을 가진 자)에게 눈을 흘기며 짐짓 어깨를 으쓱거리는 모습을 떠올리게 해 준다. 다소 장난기가 보이는 모습을 연상하면서 시인의 재치를 다시 한번 실감케 해 준다.
　이러한 부조리 불합리한 사태를 능란한 솜씨로 비꼬고 농락함으로써 독자들은 후련한 카타르시스를 느낀다. 내가 미처 하지 못한 앙갚음을 대신 갚아 주는 것 같기도 하고 어쩌면 내 심정을 잘 알아주는 것 같기도 하다.
　이 책은 멸시 분노 증오의 정서를, 비꼼 냉소 조소 조롱 역설 등의 언사로 가득 채워 놓았다. 그러나 궁극으로는 교정·교훈의 의지가 숨겨져 있다.

　　뭐라구라우, 사람 낳고 돈 낳제 돈 낳고 사람 낳다구라우

>             허허 이 양반 순 구식이네
>   신식으론 돈 낳고 사람 낳제, 사람 낳고 돈 낳고가 아니여
>                           ―「뭐라구라우」 전문

 돈 낳고 사람 낳은 것은 불변의 진리이다. 그러나 신식으로는 돈 낳고 사람 낳았다고 큰소리친다. 그러나 이것은 역설이다. 화자가 진짜로 하고 싶은 말은 이른바 구식인 '사람 낳고 돈 낳다'는 말이다. 이것이 뒤집힌 세상, 전도된 가치에 대해서 일갈하고 꼬집은 것이다. 그리고 그에 대한 반성과 교정을 꿈꾸고 있는 것이다.
 삼행으로 압축한 단아한 모습의 시형에도 주목하고 싶다. 말 그대로 촌철살인의 짤막한 말이 감동을 준다. 요즈음 장황한 수다를 늘어놓는 시들이 범람하면서 이렇게 간결한 시들이 그리워진다.

> 나라님 물러나면 낙향하여 통나무집 짓고 시나 쓰며 살겠단 말
> 아무래도 허사같다. 시는 말을 아끼고 줄이는 언어경영인 것을
> 저리 말이 헤퍼서야 어찌 말의 진수에 닿을 수 있을지
>                          ―「아무래도 허사 같다」 전문

 듣기 좋은 수다로 대중들을 현혹하며 실천보다는 말을 앞세우는 정치인을 비꼬며 질타하고 있지만 한 편 짤막한 시론을 엿볼 수 있는 시다. 그렇다. 시는 '말을 아끼고 줄이는 언어경영'인 것이어서 '말이 헤퍼서'는 안 될 일이다.

삼행은 우리의 눈에 익숙하다. 어려서부터 시조를 읽고 배워왔기 때문이다. 물론 시조의 형식에 맞춰 음수율을 조절한 것은 아니지만 그 속에 기승전결의 구조를 가진 것들이 많은 것도 이해하기 쉬운 대목이다.
 지금이 바로 이러한 시들이 필요한 시대인 것 같다. 잡지마다 넘쳐나고 있는 산문조 요설이 시성(詩性)을 잠식하고 있고, 그리고 비꼬고 조롱하고 비난하고 질타해야 될 일들이 많은 세상일수록 그러한 세태를 지적하고 경계하며 교정해야 하기 때문이다. 시가 궁극적으로는 인간을 위하고 옹호하는 것이라면 시가 이러한 일에도 적극 관심을 가져야 할 것으로 생각한다.

■ 시집 평설을 대신해서_諷詩調에 대한 사계의 견해

# 諷詩調에 나타난 형이상시의 수사법

최규철(시인·문학평론가)


### 들어가는 말

어느 사회학자는 '농경사회의 삶이 시간 잉여(時間剩餘)의 시대였다면 오늘날과 같은 정보화 사회는 시간 기근(饑饉)의 시대라'했다. 그것은 그 정도로 오늘의 시대가 시간에 쫓기며 살아가는 고속화 시대를 맞이하고 있다는 것이다. 따라서 이러한 고속화 사회에 사는 현대인들의 문학작품에 대한 선호도도 역시 장편소설보다는 단편소설을, 장시보다는 단시를 더 선호하는 경향이 있다. 특히 시에 있어서 현대인들의 구미에 맞는 시는 짧으면서도 그 속에 다분한 내용을 함축함으로써 큰 감동을 주는 시라 하겠다. 이런 시대적 요구에 부응하는 시가 바로 박진환 시인이 착안하고 시운동을 전개하고 있는 諷詩調이다.

諷詩調의 기법은 형이상시의 레토릭(rhetoric)과 흡사한 면이 많다. 컨시트의 기발한 지적 놀라움, 서로 상반된 양극화의 결합과 그 조화, 역설과 반어(反語), 시의 순수한 통징을 통한 내적 울분의 해소와 사회 구조악(構造惡)의 개선 등이 바로 그것이다.

특히 3행시의 짧은 글 속에 함축된 내용과 그 여운을 담기 위해서는 압축적이고 생략적인 구문이 필요하다. 따라서 각 행의 전환 및 반전이 빠르게 전개되는 특색이 있다. 이것은 양극화의 긴장이 팽팽할수록 행과 행의 전환속도가 빠르고 생략과 압축의 미학이 더욱 살아난다.

필자는 그동안 지면을 통해서 3. 4회에 걸쳐 언급해온 諷詩調 시학에 대한 이론을 총괄하고 종합하여 주로 諷詩調의 형이상시적 유사성과 레토릭(rhetoric) 기법의 측면에서 접근해 보고자 한다.

## 1. 諷詩調의 순수한 통징

諷詩調는 일종의 풍자시의 성격을 띤 시라 하겠다. 풍자시의 사전적인 정의는 부정부패와 비리 현상과 모순 등을 다른 사물에 비유하여 폭로와 공격 일변도의 시를 말한다. 즉 풍자 시라고 하는 한자가 풍자할 풍(諷) 찌를 자(刺)로 명시한 바와 같이 모든 죄악상을 어떤 사물로 빗대어 찔러 고통을 가하게 하는 일종의 보복성을 뜻하는 성격을 내포하고 있는 시가 대부분이다. 그러나 諷詩調에서 말하는 순수한 통징의 주된 목적은 諷詩調를 통해서 죄의 아픔을 느끼게 할 뿐만 아니라,

뉘우치고 돌이켜 새롭게 변화하게 하는 데 주력하는 시의 기능을 말한다. 다시 말하자면 죄의 부패성에 대해서 단순히 찌르고 고통을 가하게 하는 데 그치는 것이 아니라 메스를 가하고 수술을 함으로써 병을 낫게 하는 데 그 목적이 있음을 말한다.

그러나 여기서 주의 깊게 보아야 할 것은 수술을 가하되 고통을 없애게 하기 위해 마취제를 동시에 투여하는 방법을 취하고 있다는 사실이다. 즉 유머를 통해서 웃음을 주고 즐거움을 줌으로써 그 고언을 달게 받아들이고 소화시킬 수 있는 기능을 지녔다는 것이다. 諷詩調의 통징이야말로 우리의 뇌에서 일종의 모르핀이나 엔도르핀과 같은 호르몬을 분비하게 함으로써 무통수술을 하게 하고 오히려 미묘한 시적 희열을 주게 하는 절묘한 수술비법을 의미하고 있다. 諷詩調의 작가들은 이런 諷詩調의 순수한 통징의 특성을 숙지하고 이러한 순수한 통징의 기능을 살리는 데 노력해야 할 것이다. 諷詩調에서 이러한 순수한 통징이 살아있지 못한다면 그것은 諷詩調로서의 시적 역할을 다한 시라 볼 수가 없다. 諷詩調의 생명이 바로 여기에 있다 할 수 있기 때문이다.

참으로 諷詩調의 순수한 통징이야말로 오늘과 같은 종말론적인 징조를 토로하고 인류의 구원을 갈구하게 하는 시대적 사명의 성격을 띤 시라 하겠다. 현대사회는 갈수록 첨예한 양극화 조성으로 인한 양자구도의 대립상이 심화되고 있다. 오늘날 정치 경제 사회 문화 전반에 걸친 인류사회의 갈등과 분쟁이 바로 이런 극단적인 양극화 현상에서 오는 결과라 하겠다. 그렇다면 현대시가 어느 때까지 이를 외면하고 오히려 음풍농월(吟風弄月)만을 일삼아야 하겠는가. 시가 인생문제로 깊이 들어가서 이런 양극화 문제를 해소하고 하나로 융합하는 화해와 일치의 시학으로 발전해가야 할 것이 아닌가. 그러한 의미에서 諷詩調 운동의 필연성이 강조된다.

  더욱이 환경오염으로 인한 생태계의 훼손과 대기오염으로 인한 오존층의 파괴, 그리고 지구 온난화에서 발생하는 엘니뇨현상 등으로 인류의 생존 문제에 심각한 적신호가 켜있다. 이런 각박한 상황에서 탈출하기 위한 녹색시학 운동의 전면에 諷詩調가 자리하고 있음을 알 수 있다.

  시인은 예언자적인 예리한 눈을 자지고 미래사회의 변화를 직시하면서 오늘의 잘못된 과오를 지적 감동을 통해서 깨닫게 하는 순수한 통징에 무한한 관심을 쏟아야 한다.

> 세상이 왜 이러나 유행병처럼 자살·자살·자살
> 마음 한 번 고쳐먹으면 살자·살자·살자가 되는데
> 뭐 그리 좋은 거라고 일편단심 자살이람
>     ― 박진환의「뭐 그리 좋은 거라고」

  한국인의 자살률이 OECD 30개 회원국 가운데 1위를 기록하는 불명예를 안고 있다. 연예계의 인기 스타들과 대기업의 총수들이 잇따라 자살을 하고 심지어 전직 대통령까지도 스스로 목숨을 끊음으로써 사회적 충격이 크다.

박진환 시인의 諷詩調「뭐 그리 좋은 거라고」는 1행의 자살·자살·자살이라고 하는 부정적인 죽음의 개념과, 2행의 '살자·살자·살자'라고 하는 긍정적인 생명의 개념을 양극구도로 서로 거꾸로 뒤집어 대치해 놓음으로써 기발한 위트와 유머를 돋보이게 한다. 이러한 諷詩調의 기능이야말로 격한 자살충동을 완화시켜 줄 뿐 아니라 생에 대한 강력한 의욕까지도 유발하게 하는 시적 감동을 가능케 한다. 여기서 諷詩調의 풍자 속에 담고 있는 간절한 회심에의 바람이 '마음 한번 고쳐먹으먼'이란 말로 표현되고 있다. 이것이 바로 諷詩調가 지닌 순수한 통징의 힘이다.

> 피를 빨아 먹는 모기 잡는데 의견이 분분하다
> 정치가 어떻고 법이 어떻고 대통령이 어떻고
> 입으로 모기 잡나? F킬라를 뿌려야지
> ― 박진환의「입으로 모기 잡나」

이 시는 그 제목부터가 웃음을 터뜨리게 하는 유머가 있어 마음을 끈다. 이 시 속에 감추어 있는 암시성과 시사성(示唆性)이 모기와 F킬라라고 하는 기발한 메타포를 통해서 큰 감동을 준다. 정계와 법조계의 부패상을 바로잡는, 즉 '피를 빨아 먹는 모기를 잡는데'에는 입으로 하는 설왕설래(說往說來)로써는 근절될 수 없다는 것이다. 특히 수사법 중에서 변화법의 하나인 '입으로 모기잡나?'라고 하는 설의법으로써 F킬라라고 하는 정답을 독자에게 물어 찾아내게 하는 레토릭으로써 스스로 개혁의지를 촉발하게 하는 순수한 통징이 돋보인다. 찌르고 자르고 쪼개는 메스질이 가해짐에도 불구하고 뇌에서 분비되는 모르핀을 통해서 즐거운 마음으로 웃고 수긍이 가능케 하는 회심과 변혁의 비법이 있다.

## 2. 諷詩調가 갖는 컨시트의 특색

형이상시의 컨시트(奇想, conceit)는 형이상시의 특징 중에서 가장 중요한 특징의 하나라 할 수 있다. 외견상 전혀 유사성이 없거나 상반되고 양극화된 사물이나 상황들을 재치 있고 기발한 방법으로 결합하여 소위 사무엘 존슨(Samuel Johnson)이 언급한 '부조화의 조화'를 이루게 하는 비유적인 수사법을 말한다.

그러나 諷詩調에서 보여주는 컨시트의 특색은 형이상시에서 말하는 그것과는 사뭇 다른 양태의 컨시트를 볼 수 있다. 3행시 구문의 생략적인 특성 때문에 행과 행, 낱말과 낱말, 심지어는 문자와 문자로부터 서로 상반된 사물이나 개념의 명칭과 발음 등을 찾아내고 거기서 특별한 의미성을 유추하여 또 다른 의미를 창출해내는 언어유희적인 기발한 컨시트를 선보이고 있다. 이런 관점에서 볼 때 諷詩調의 컨시트는 단순히 두 가지 사물이나 개념을 교묘하게 결합하여 뜻밖의 유사성을 찾는 기존의 형이상시의 컨시트와는 다른 특성을 지니고 있다고 하겠다.

대통령 국정평가 잘했다가 44.2%, 못했다가 41.1%
막상막하, 정치란 게 그래
上 뒤집으면 下 되고, 下 뒤집으면 上 되거든
— 박진환의 「物神時代·216」

국민이면 누구나 알게 모르게 다 정치에 젖어 살면서 나름 대로의 정치철학, 내지 생활철학을 가지고 있다. 그래서 3행에서 '정치란게 그래'라 토로한다. 이런 지적 깨달음을 풍자적으로 소화시켜 표현하기란 그리 쉬운 일은 아니다. 이런 이유 때문에 민감한 사안을 받아들여 유머로 웃어넘길 수 있고, 감동 받아 깨달음을 갖게 하는 諷詩調의 기법에 주목할 수밖에 없다. 그래서 諷詩調가 지적이며 문화적인 통징을 가져오게 하는 첩경이라 여겨진다.

이 시에서 놀라운 기지의 발산은 2~3행에 있다.'막상막하, 정치란게 그래 / 上 뒤집으면 下 되고, 下 뒤집으면 上 되거든'에서 '막상막하(莫上莫下)'의 上과 下의 문자를 세웠다 뒤집었다 하면서 요동치는 정치판의 불안정성을 꼬집는, 재기(才氣)가 번뜩이는 컨시트를 선보이고 있다. 여기서 다만 上·下라고 하는 양극성의 문자를 가지고 세웠다 뒤집었다 하면서 엉뚱하게 결합한 결론이 「정치란게 그래」로 귀결한다. 이렇게 諷詩調의 컨시트는 동떨어진 개념이나 이미지를 결합하는 데 그치는 것이 아니라, 서로 상반된 단순한 두 개의 문자로써 새로운 제3의 개념을 형성하게 한다. 이런 관점에서

諷詩調의 컨시트는 보다 다양하고 발전된 성격의 것이라 볼 수 있다.

> 박지성·박주영의 꼴은 오 코리아
> OECD국 중 환경평가 맨 꼴찌의 꼴은 어이쿠 코리아
> 둘 다 꼴은 꼴이다마는 뒤에 꼴은 노꼴만도 못해서
> ― 박진환의「物神時代·191」

지금 지구촌은 환경오염으로 인해서 점차로 죽어가고 있는 실정인데 우리나라가 OECD국 중에서 환경평가 최하위라 한다. 이 시에서는 이런 실정을 풍자적으로 꼬집고 있는데, 1~2행에서는 축구의 '꼴인'과 환경평가의 '꼴찌'란 서로 유사성이 없는 언어들을 관련 지워 '오 코리아'와 '아이쿠 코리아'라는 서로 반대되는 개념의 언어로 대비시켰고, 3행에서는 꼴찌의 '꼴'을 '노꼴'이라는 상충·상반되는 개념과 연관시킴으로써 '둘다 꼴은 꼴이다마는 뒤엣 꼴은 노꼴만도 못해서'라는 순발력 있는 기지(wit)를 보여준다. 동시에 더 나가서는 축구의 '꼴'과 환경평가 꼴찌라는 '꼴'의 두 글자들을 교묘하게 결합한 諷詩調의 컨시트의 진수를 보여주고 있다.

### 3. 諷詩調의 양극화 기법

또 한 가지 諷詩調에서 가장 두드러지게 나타나는 특징 중의 하나가 양극화 현상이다. 그러기 때문에 諷詩調의 컨시트

는 동떨어지고 상반된 가장 먼 거리의 양극성을 폭력적으로
결합하는 과정이나 패러독스와 아이러니의 양면성에서 오는
강한 텐션이 諷詩調로 하여금 그만큼 응축된 의미의 비유가
되게 한다.

    걸핏하면 여·야 율사들 발목잡느니, 발목잡히느니 해쌌는디
    뿌리치고 혼자만 가려고 하니 그러지, 동행해봐, 왜 발목잡나
    잡혀 부러지면 목발신세 못면해, 발목 거꾸로 해봐 목발이지
           — 박진환의 「발목 거꾸로 하면 목발이지」 의 전문

  분쟁과 불화의 결과가 발목이 목발로 바뀌는 기발한 발상,
곧 생명체를 비생명체로 둔갑시키는 대담한 컨시트의 수사법
이 놀라움을 준다. 그 외에도 여·야 율사들, 발목잡느니 발
목잡히느니, 발목과 목발 등의 양극화가 이 諷詩調 전면에서
팽팽한 긴장을 조성시켜주고 있다, 거기다가 본래 여·야가
대치하는 정치구도, 그것만으로도 양극의 역학관계를 유지하
는 긴장상태인데 여기에 분쟁과 충돌이 생기면 발목이 목발
이 되는 더욱더 팽팽한 긴장관계를 촉발한다. 그래서 이 諷詩
調는 웃기면서도 여·야가 정치적 협력관계를 잘 유지해야만
나라가 산다는 통징적인 메시지도 담고 있는 시이다.

    악법·약법, 청문회, FTA로 여·야 붙어도 한판 크게 붙겠다
    탓하지 말 것이 싸워야 국회답지 잠잠하면 그게 더 두려워
      마찬가지야, 아이들도 싸움질하면서 크지 않던가

— 박진환의 「아이들도 싸우면서 커」

  이 諷詩調는 빈번히 일어나는 국회의원들의 성숙하지 못한 의결과정에서의 난투극을 한 마디로 꼬집은 시이다. 아이들이 싸우면서 커가듯이 국회의원들도 싸우면서 커가야만 하는가 하는 시인의 통탄이 곁들어있는 시이다. 가장 성숙해야 할 국회의원들과 가장 성숙하지 못한 나이인 어린이들의 양극현상을 동류부류로 간주하여 이질성 속의 유사성을 찾는 시인의 기지가 번쩍인다. 여기에는 양극간의 이질성이 유사성으로 바뀌는 과정에서 서로 잡아당기는 강력한 텐션도 드러나 있다. 「싸워야 국회답지」에서는 국회가 싸움판이 되어서야 되겠는가 하는 아이러니의 성격을 띤 레토릭도 있고 국회가 변화되기를 촉구하고 갈망하는 통징도 들어있다.

### 4. 諷詩調의 구조와 그 전환속도

  형이상시에서와 마찬가지로 諷詩調에서도 생략된 구문을 씀으로써 의미의 탄력과 밀도를 더하게 하고, 또한 집약적 표현으로써 시의 단축을 꾀하는 기법을 강조한다. 그 결과 시 전개과정에서 그 전환 속도가 빨라지기 마련이다. 그래서 시의 구조가 3행시로 되어 있고 따라서 행의 길이가 짧으면 짧을수록 생략적 효과가 살아나서 함축성이 있는 시가 된다.

  諷詩調는 평시조(平時調)와 같은 초장 중장 종장의 3행 형식의 구조이면서도 3장 6구 12음보의 정형시에 매이지 않은 자유시요, 동시에 평시조보다 더 빠르고 생동감이 있는 기승전결(起承轉結)의 전개가 있다. 따라서 諷詩調의 함축성과 텐션을 살리기 위해서는 될 수 있는 대로 행의 자수(字數)를 줄이고 생략하는 것이 좋다.

>침묵이 金이라고? 순 구식
>요즘 세상에선 말 잘해야 출세해
>신식으론 침묵은 禁이야
>― 박진환의 「침묵은 禁이야」

1행의 金이 3행에서는 禁으로 바뀐다. 1행에서 침묵은 金이란 말은 구식이요, 3행에서는 침묵이 禁이란 말로 바뀐 것이 신식이라는 것이다. '요즘 세상에선 말 잘해야 출세해'라는 새로운 진리(?)를 발견하고 시대와 더불어 급속히 변하는 처세술의 격세지감을 실토한 시라 하겠다. 또 이 시 속에는 침묵이 금(金)이었던 옛 시대가 참이요 말을 잘해야 출세한다는 현 시대가 잘못된 것이라는 시사성(示唆性)이 들어 있다. 諷詩調가 그 짧은 시로써 현시대의 많은 모순과 부조리를 다 압축하여 표현할 수 있는 것은 오로지 3행시 속에 짧은 행으로 모든 것을 소화시킬 수 있는 수용성(受容性)과 빠른 전환기능을 지탱할 수 있는 메커니즘에서 온 것이다.

>銅臭에 코피터진 놈이

>            銅醉로 게워내는 주정
>    뭘 쳐다봐,  너나 나나 다를 것이 없는데
>            — 박진환의 「物神時代 · 68」

　이 시는 銅臭와 銅醉를 병치하고 3행에서 '뭘 쳐다봐, 너나 나나 다를 것이 없는데'로 동류화((同類(化))시킨 해학적인 기법이 눈을 끈다. 銅臭란 말의 뜻은 돈으로 출세를 하려고 하거나 모든 것을 해결해 보려고 하는 물신주의자들을 낮잡아 하는 말인데 오늘날은 술로써 출세를 하려고 하거나 모든 문제를 해결하려고 하는 銅醉도 많다는 것이다. 銅臭와 銅醉의 내용이 담고 있는 절묘한 조화가 압축되어 이 짧은 諷詩調 한 편을 창구로 하여 오늘의 모든 시대상을 한 눈으로 볼 수 있다.
　그러나 풍조시에서 행의 자수를 줄이고 표현의 생략적인 효과를 극대화하려는 경제적인 언어구사는 아무나 할 수 있는 것이 아니다. 허다한 諷詩調에서 발견할 수 있는 것은 행이 짧으면 그 표현과 의미성도 부실한 경우가 많다는 것이다. 따라서 諷詩調는 자수(字數)를 최소화하면서도 그 함축성을 최대화할 수 있는 기법이야말로 바로 諷詩調의 완성도를 높이는 첩경임을 알게 된다.

### 맺는 말

　이상과 같이 諷詩調에서 보이는 수사법상의 기법이 형이상시의 그것과 유사한 점이 많다는 것을 알 수 있다. 그러나 그 구조적인 측면에서 볼 때 형이상시보다는 시가 짧고 컨시트도 형이상시보다는 언어유희의 측면에서 독특하고 문자유희의 면에서도 독보적인 경지를 보이고 있는 시라는 것이다. 諷詩調의 대부분이 명확한 양극화 구조로 되어 있고 상반되고 동떨어진 개념이나 사물을 결합하여 부조화의 조화를 이루고 있다. 또한 3행시의 짧은 시로서 생략적이고 압축적인 기법을 통해서 고도의 밀도감을 조성하기 위해 언어와 언어, 행과 행을 교합하여 전개되는 전환속도가 유달리 빠른 것도 그 특징 중의 하나라 하겠다. 이런 시의 특징 때문에 앞으로 諷詩調가 우리나라 문학의 한 장르를 이루고 발전하여 보다 큰 문학성을 발휘하는 날을 기대하여 마지않는다.

조선문학사시인선 992

諷詩調詩集 · 483

## 책선시초 · 15

2025년 5월 20일 인쇄
2025년 5월 30일 발행

지은이 / 박진환
발행인 / 박진환
펴낸곳 / 조선문학사
등록번호 / 1-2733
주소 / 03730 서울 서대문구 통일로 389(홍제동)
전화 / 02-730-2255
팩스 / 02-723-9373
E-mail / chosunmh2@daum.net

ISBN 979-11-6354-369-5

정가 10,000원

※ 인지는 저자와 합의 하에 생략
※ 잘못된 책은 서점에서 교환해 드립니다.